우리의 건국 대통령은
이렇게 죽어갔다

우리의 건국 대통령은
이렇게 죽어갔다

차례

서 문 | 국립묘지엔 아직도 찾아주는 이 있어 _6

제1부 | 망명 전야
　　　감투가 날아가면 인간만이 남는다 _10
　　　"한 달 후에 올 테니 집 잘 보게" _14
　　　프란체스카 여사의 기록 _18
　　　며느리에게 들려준 시어머니의 이야기 _21
　　　조국은 그를 매정하게 버렸다 _22

제2부 | 고도(孤島) 하와이
　　　호놀룰루 비행장, 대통령의 예우를 갖춘 환영 _28
　　　첫 번째 거주지, 월버트 최씨의 별장 _30
　　　"요즘 우리나라는 어떻게 되어 가나?" _33
　　　"저기가 우리나라 땅인데…" _37
　　　독립운동 하듯 여생 보낸 두 노인 _39
　　　퍼스트레이디 프란체스카 _41
　　　두 번째 양자 이인수 씨 _44

"그 놈도 나를 좋아하겠지?" _47

"언제 내가 우리 땅에 가게 돼?" _49

떡국을 좋아한 이박사 _54

"어서 가야겠다!" _57

공보 영화 _59

50년 친구 보스윅 _63

"나는 본시 가난한 사람이야!" _66

프란체스카 여사의 눈물 _69

또다시 좌절된 서울행 _71

제 3부 | 슬픈 황혼

마우라 리니 요양원 _76

국부와 국모의 자격을 갖춘 분 _78

어머니… 어머니… _81

한국 돌아갈 여비 걱정한 건국 대통령 _83

7월 19일 0시 35분 _86

보스윅의 절규, "내가 자네를 안다네…!" _89

우리의 건국 대통령은 이렇게 죽어갔다

국립묘지엔 아직도 찾아주는 이 있어…

어느 해 정월 초이튿날 오후.

필자는 동작동 국립묘지의 이승만(李承晩) 대통령 묘역을 찾았다. 겨울 저녁의 쓸쓸함이 계곡을 냉랭하게 채우고 있을 시간. 더구나 이 분은 '독재자'라는 이미지로 부각되어 온 점이 있어 그의 묘역은 더욱 쓸쓸할 것이란 필자의 선입견도 한몫했다.

묘역까지 이르는 차도에도 사람의 그림자는 찾아보기 힘들었다. 이승만 대통령의 묘에 다다를수록 가파른 언덕이 나타나 힘껏 액셀을 밟아 차를 몰았다. 그런데 이게 웬일인가. 언덕에 올라서자 나타난 묘역 앞에는 이미 다섯 대의 차량이 주차를 하고 있는 게 아닌가? 게다가 걸어서 올라온 분들도 거기 계셨다. 모두 해서 스물다섯 분쯤 되었을까?

필자의 어리석은 짐작을 후회하며 준비해간 작은 꽃다발을

이동욱 李東昱

올리고 분향을 했다. 그리고 돌아 본 묘역엔 현재 생존해 있는 전·현직 대통령들의 화환들이 일렬횡대로 서서 자신들의 이름이 적힌 종이를 깃발처럼 펄럭이고 있었다. 왼쪽 맨 끝엔 양자(養子)인 이인수(李仁秀) 씨의 작은 화환도 보였다.

쓸쓸한 노후를 마친 노(老)부부의 묘지 오른편에는 순 한글로 쓰인 '우남 이승만 박사의 묘'라는 비문이 묘지를 지키고 있었다. 커다란 하나의 봉분으로 만들어진 묘지였지만 부부가 합장되었음에도 불구하고 프란체스카의 비석은 없었다.

두 분이 잠든 묘역 입구에도 이렇다 할 안내 문구조차 없었다. 묘역 입구 왼편에는 '…눈물을 뿌리며 이곳에 세우노라'고 적힌 하와이 한인동지회의 추모비가 참 서럽게 서 있다고 생각됐다. 이 박사 부부는 아직도 망명중인 느낌이었다.

1부 망명 전야

망명 전야

감투가 날아가면 인간만이 남는다

12년간 머물렀던 대통령직에서 하야한 다음, 5년 2개월간의 하와이 생활로 생을 마감한 이승만 박사. 4·19 전후에 태어난 필자와 같은 사람들의 뇌리에 남아 있는 이승만에 대한 인상은 그다지 좋지 않다. 언제나 그의 이름 앞에는 '독재자'란 보통명사가 붙어 다녔고, '부정선거'와 '친일파의 비호자'란 말이 대명사처럼 활용되기도 했다.

지난 80년대를 거치면서 해방 전후사를 인식한다는 명분하에 좌익적 시각에서 빚어진 그에 대한 평가는 더더욱 새로운 언어로 포장돼 왔다. '친미주의자'로 혹은 '미 제국주의의 앞잡

하야한 이승만 대통령의 건강을 기원하며 시민이 붙인 벽보.

이'이거나 '미군정의 꼭두각시' 역할을 한 '권력욕의 화신'으로, 심지어는 '분단을 획책한 주범'에서 '김구 암살배후'에 이르기까지 진보라는 미명하에 지식인 집단이 만들어낸 그에 대한 평가는 이처럼 적대적이었다.

필자가 이승만 박사의 하와이 망명 생활을 더듬어 보기로 한 것은 여러 가지 이유가 있었다.

아무리 위대한 정치가이거나 악명 높은 독재자일지라도 일단 그가 권좌에서 물러나 감투를 벗으면 거기엔 벌거벗은 '인간'만이 남는다. 대통령직에서 물러나 고도(孤島) 하와이에서 5년 2개월간을 지낸 이승만의 마지막 생애를 통해 정치적인 변수가 거의 개입되지 않은 한 노인의 일상적인 삶을 진솔하게 볼 수 있을 것이다.

인간을 알면 그의 정치적 스타일과 범위도 알 수 있다. 우리는 거기서부터 그의 정치철학과 그가 했음직한 일들, 그리고 잘못 전해진 사연들을 역으로 재구성할 수 있을 것이다.

취재 도중에 필자가 이상하다고 생각하게 된 것은 '망명'이란 단어였다.

우선 이 박사의 생이 마감된 마지막 하와이 생활은 과연 우리가 알고 있는 대로 '망명'이었는지 살펴보아야 할 필요가 있음을 느꼈다. 국어사전의 정의에 의하면 '망명'이란 망명도주(亡命逃走)의 준말로서 '정치적인 이유로 해서 제 나라에 있지 못하고 남의 나라로 피하는 일'이다. 물론 자동사(自動詞)에 속한다.

그런데 미국으로 떠나기 전까지 살았던 서울시 종로구 이화동의 이화장(梨花莊)엔 그의 전 재산과 모든 자료가 고스란히 남아 있다. 망명도주한 정치인의 뒷자리로 보기에는 너무나 온전하다. 게다가 이 박사의 하와이 생활은 항상 고국을 그리워했던 수구초심(首丘初心) 그 자체였다. 자의(自意)로 떠난 사람이라고는 보기 어려운 점이 있는 것이다. 또한 하와이 체류 중 이승만 박사의 입에서 '망명'이란 단어가 나왔다는 기록 역시 전무하다. 필자가 직접 확인한 당시 증인들에게서도 공통적인 대답이 나왔다. 그리고 하와이에 도착해서 이 박사가 처음 한 말도 "2~3주 쉬다 갈 것"이라고 했다.

더구나 5년 2개월간 하와이에 머물렀던 이 박사의 망향은 망명자로서라기보다는 보이지 않는 힘에 의해 강제로 유폐된 심정을 나타내고 있었다. 이것은 무엇을 의미하는 것일까?

이 박사는 자신이 '망명객'이란 생각을 눈을 감을 때까지 하지 못했는지도 모른다. 자신이 망명을 해야 할 만큼 잘못했다고 생각하지도 않았다고 보인다. 자신도 모르는 사이에 그 많은 가신(家臣)들이 거짓보고로 둘러대며 부정과 축재를 일삼는 동안 당신은 한결같은 마음으로 동분서주하며 국사(國事)를 돌보았다고 자부했기 때문일 것이다.

그렇다면 망명설은 누가 어떻게 만든 것일까? 당시 이승만 박사의 망명길을 지켜 본 우석근(禹石根) 씨(경호원으로 근무, 이후 건축업)의 〈중앙일보〉 1986년 3월 8일자 증언을 참조해 본다.

"한 달 후에 올 테니 집 잘 보게"

이 박사가 이화장에 오신 지 한 달쯤 됐을 때다. 새벽 1시가 되어 경호원들이 교대를 할 무렵 이 박사는 우리들에게 상오 7시에 차를 준비하라고 하셨다. 나와서 차를 준비하며 우리는 여러 가지 생각을 했다. 정동교회 가시는 날도 아니고……. 우리는 어느 정도 눈치를 채고 있었다.

아침 7시 정각에 이 박사는 예전과 다름없는 옷차림으로 나타났다. 산책을 좀 하시는 게 어떠냐고 하니 그동안 많이 했으니 됐다면서 "시간이 급하니 김포공항으로 가세"하신다.

직원들이 모두 이화장 잔디밭에 도열해 있다고 하자, 그는 계단을 내려오며 "늦어도 한두 달 후면 돌아 올 테니 집 잘 봐주게"하신다. 또 돌다리를 건너며 "내가 잠깐 떠나야만 국내가 조용해져"하신다.

차를 타고 이화장 문을 나서니 이미 신문사 차가 와 있었다. 김포지역에 들어서자마자 호외를 뿌리기 시작했다. '이 박사 망명' 호외였다. 김포공항엔 허정(許政) 내각수반과 이수영(李壽榮) 외무차관 등이 나와 있었다.

당시 기내에선 세관원들이 들어와 소지품 검사를 했다. 그때 짐이라곤 이 박사 옷과 부인 옷이 들어 있는 트렁크 2개, 샌드위치와 마실 것, 평소에 쓰던 타이프라이터 한 대 등 모두 가방 네 개였다.

조종사들이 식사를 하느라 한 시간 가량 시간이 있었다. 기자들이 몰려와 회견요청을 했으나 이 박사는 "내가 아무 말 않고 조용히 떠나야 한다"고 했으며 부인은 "아이 러브코리아"하며 우셨다.

이 증언을 그대로 보면 망명하는 대통령의 모습 그대로가 우리에게 전해진다. 그러나 측근들의 해석은 다르다. 양자 이인수 박사의 설명을 들어보자.

"망명은 아니었다고 봐요. 늦어도 한두 달 후면 돌아올 것이라고 하셨고, 내가 훗날 미국에서 뵈었을 때도 망명이라 생각하신 적이 없었습니다."

당시 언론에서 취재한 내용을 보면 영락없는 망명객의 심정이라고 독자들이 이해할 만합니다만……
"선입견을 가지고 취재를 했기에 그런 일이 빚어진 것이 아닌가 생각합니다. 망명을 하셨다면 간단한 옷가지만 챙겨 나섰을 리가 없지요. 중요한 서류와 기록물들을 모두 이화장에 그대로 놔두고 말입니다."

그렇다면 김포공항에서 기자들에게 "내가 아무 말 않고 조용히 떠나야 한다"고 하신 것과 프란체스카 여사가 눈물을 흘리며 "아이 러브 코리아"라고 하신 것은 어떻게 해석해야

하와이행 비행기에 오르기 위해 공항에 도착한 이승만 박사. 왼쪽은 허정 내각수반 이다.

합니까?

"이 박사님은 당시에 정치를 그만 둔 입장에서 말씀을 삼가야 한다는 생각이었을 겁니다. 주위에서 휴양삼아 하와이로 잠깐 가시도록 권고했고, 국내 정세도 계속해서 시끄러웠잖습니까? 프란체스카 여사의 말씀도 그렇습니다. 기자들이 자꾸 질문을 하니까 당신의 한국을 사랑하는 마음은 변치 않는다는 뜻으로 말씀하신 것이 전부였을 겁니다."

당시 이런 상황을 기록해 둔 그 분들의 자료가 있습니까?
"상황 기록이라기보다는 회고록이라 해야 하겠지요. 프란체스카 여사의 《대통령의 건강》이란 책에 이 부분이 실려 있습니다."

프란체스카 여사의 기록

필자가 구해 본 프란체스카 여사의 자전적인 책 《대통령의 건강》에 실려 있는 하와이로 떠나는 날의 묘사는 확실히 경호원들이나 기자들이 본 것과 달랐다. 우선 그 부분을 발췌해 보자.

(대통령직을 물러난 이후) 일요일에는 정동교회에 가서 교우들과 함께 예배를 보았다. 이화장에서 대통령의 일상생활은 별 불편이 없었지만 대통령의 건강과 휴양을 위해 하와이로 가서 한두 주일 쉬고 오시는 것이 좋지 않겠느냐는 측근의 제의를 받게 되었다.

정신적으로 몹시 큰 타격을 받았던 노인의 건강을 위해서는 전지요양이 절실히 필요하다는 의사의 제의가 있었다. 지금 여기서는 그 당시의 일들을 모두 이야기할 수 없지만 알게 될 날이 있을 것이다.

5월 24일, 하와이 동지회장 최백렬(崔伯烈) 씨로부터 대통령에게 꼭 필요한 휴양을 하실 수 있도록 체류비와 여비 일체를 부담해 드릴 테니 하와이를 다녀가시도록 하라는 내용의 초청 전보를 받았다. 그리하여 우리는 2주일 내지 한 달 정도 하와이를 다녀올 수 있는 짐을 챙겼다.

5월 29일, 상오 7시에 우리는 이화장을 출발했는데 떠나기에 앞서 대통령은 마당에 모여 있던 사람들에게 "늦어도 한 달 후에 돌아올 테니 집을 봐줘"하고 부탁했다.

김포공항으로 가는 연도에는 평화스러운 초여름의 농촌 풍경이 펼쳐져 있었다. 논에 가지런히 심어놓은 모를 바라보며 대통령은 풍년을 비는 시를 한 수 읊었다.

공항에는 허정 수반과 이수영 외무차관이 나와 있었다. 비행기 조종사와 승무원들이 아침식사를 하러 내려 간 동안 기자들이 비행기 안으로 와서 회견 요청을 했으나 우리는 이에 응하지 않았다.

이때 기내에서는 세관원들이 들어와서 우리의 소지품을 모두 검사하였다. 우리의 짐은 전부 4개였는데 대통령의 옷이 들어 있는 트렁크 하나와 내 옷과 소지품을 챙겨 넣은 트렁크 그리고 마실 것과 점심과 약품이 든 상자와 평소에 쓰던 타이프라이터였다.

세관원이 보지 않은 것은 내 호주머니 속에 들어 있던 라이터였다. 그 라이터는 내가 이화장 현관을 나오기 전에 응접실 탁자 위에서 무심코 집어넣은 것이었다. 담배를 피우지 않는 대통령이나 나에게 꼭 필요한 것도 아니었는데 왜 그것을 집어넣었는지 지금도 이해할 수가 없다.

며느리에게 들려준 시어머니의 이야기

 필자는 이화장을 몇 차례 오가면서 이인수 교수의 부인 조혜자(曺惠子) 씨로부터 당시 상황에 관계된 시어머니 프란체스카 여사의 이야기를 들을 수 있었다.

 그중 괄목할 만한 이야기는 1986년에 실린 경호원 우석근 씨의 증언과 관계된다. 우 씨의 증언은 거두절미 되어 실린 것이고 사실은 "아이젠하워가 올 때 내가 있으면 국내가 시끄러워져"라는 말이 빠진 것이라고 했다. 그 말 뒤에 이어서 "잠깐 다녀오겠다"고 했음은 프란체스카 여사가 며느리에게 단단히 일러준 대목 중 하나였다고 한다.

 이것이 사실이라면 이 박사는 아이젠하워의 방한(訪韓)을 피할 겸 휴양도 할 겸 하와이로 떠난 것이 된다. 망명은 결코 아니라는 것이다. 또한 하와이 도착 후 한 달 간의 생활을 회고한 프란체스카 여사의 글에서도 이 사실을 뒷받침해 주는 대목이 나온다.

 하와이 도착 후 독립운동 당시의 옛 동지들과 사랑하는
 제자들을 만나게 된 대통령은 한결 즐거운 듯했고 건강

도 좋아지는 듯싶었다. (…) 우리가 예정했던 하와이 체류가 한 달이 지나자 대통령은 한국에 돌아올 생각으로 최백렬 씨 등 우리를 초청해 준 인사들과 상의를 했으나 모두가 아직은 요양을 더 하시도록 만류를 거듭하는 것이었다.
이와 같은 권고는 당시의 국내사정을 알고 하는 이야기였으나 이 당시 완전히 정치를 떠난 한 고령의 노인으로서, 고국에 돌아가고 싶은 대통령에겐 안타까운 노릇이 아닐 수 없었다.

이 부분은 당시 초청장을 내고 준비한 최백렬 씨에게 들어야 풀리는 문제이지만 그 분은 이미 작고했다. 그래서 필자는 현재 허리 수술로 하와이의 한 병실에 입원중인 오중정(吳重政) 씨(당시 하와이 총영사)와 간단한 전화 인터뷰를 시도했다.

조국은 그를 매정하게 버렸다

최백렬 씨가 초청장을 보내게 된 경위에 대한 설명을 부탁

드립니다.

"사실은 내가 외교행랑 편으로 편지를 받았습니다. 당시 허정 씨가 정부를 이끌고 있을 때였지요. 그 분도 한 3주간 요양할 수 있도록 조치를 취해달라고 했던 기억이 나요. 그때 왜 그랬는지 이유를 잘 모르겠는데 재정보증서와 초청장을 보내라고 했어요. 그래서 이 박사의 제자였던 윌버트 최 씨와 최백렬 씨 이렇게 셋이서 상의해서 보내긴 했지요."

이 박사님은 그렇게 해서 하와이로 가신 것이로군요.
"그것도 아닙니다. 초청장은 흐지부지 됐고 휴가처럼 그냥 들르는 것처럼 오셨더랬어요."

그런데 3주가 지난 뒤에도 이 박사의 귀국이 거부된 것은 당시 허정 정부가 거부했기 때문입니까?
"그럴 수가 없습니다. 허정 씨는 하와이 기독학원을 이 박사가 운영하고 계셨을 때 선생으로 와 있었어요. 스승과 제자 사이가 되는데 그럴 수가 있을까요. 당시 여론 때문에 못 들어가신 걸로 압니다."

그렇다면 이 박사가 하와이에 도착했을 때 그 분이 살아생전에 귀국하지 못할 것을 알고있던 사람은 있었습니까?
"아무도 몰랐지요. 우리도 그 후에 무척 노력했지만 허사였어요."

왜 그렇게 됐다고 생각하십니까?
"당시 우리나라 상황이 어려웠으니까 그랬을 거라고 봐요. 여론도 그렇고……."

하와이 계실 때 국가로부터 전직 대통령에 관한 예우 차원에서 돈이 지급되었습니까?
"그런 건 없었지요. 그저 여기서 교포들이 조금씩 모은 돈으로 근근이 살아가셨어요."

필자는 수반이었던 허정 씨의 회고록 《내일을 위한 증언》을 살펴보았다. 다소 대화의 내용엔 차이가 있으나 확실한 것은 "곧 돌아오겠소"였다. 당시 이 박사의 하와이행에 관련된 모든 진행은 '휴양을 목적에 둔 외유(外遊)'에 초점이 맞춰져 진행되고 있었다. 그럼에도 불구하고 본인들의 의사와는 관계없이 언론과 정치권(민주당과 군사정부)이 창조한 '단어'로 말미암아 '망명'이 기정사실로 되어갔던 것이라는 결론에 도달하게 된다.

그렇다면 대한민국 건국 대통령 부부가 그들도 모르는 사이에 추방이나 유폐된 것은 아니었을까? 망명은 스스로 몸을 피하는 자동사이고 추방과 유폐는 타동사에 속한다. 그에 의해 건국된 조국이 그를 매정하게 버린 것은 아니었을까? 이런 시각을 견지하면서 필자는 이승만 박사의 하와이 생활을 재구성해 보았다.

2부
고도(孤島) 하와이

고도(孤島) 하와이

호놀룰루 비행장, 대통령의 예우를 갖춘 환영

이 박사 부부를 태운 전세기가 하와이 호놀룰루 공항에 도착한 시각은 1960년 5월 29일 오후 2시 30분. 공항에는 '하와이 한인 동지회' 교포들이 마중을 나와 있었다. 하와이 총영사인 오중정 씨가 대표로 나갔다.

그 당시 이승만 박사는 공식적으로 대통령이 아니어서 미국 측과 의전문제가 제기되었다. 이 문제를 가지고 총영사 오중정 씨가 비공식적으로 미국 측에 대통령의 예우를 간청했고, 미국 측이 쉽게 응해주어 세관검색을 생략했다. 고국을 떠날 때 샅샅

이 검색을 받은 것과는 대조적이었다.

오 총영사는 미 육군과 태평양사령부 당국을 통해 이 박사 부부에 대한 경비(警備)문제를 의논했다. 그 결과 당시 한국에 파견된 해병대 부사령관 매기 중장을 경호 책임자로 임명했다. 이 모든 것이 비공식 채널로 이루어진 것이었다.

여기서 하와이 교민 측은 북한의 암살공작에 대한 우려를 심각하게 제기했고, 미국 측은 이 때문에 공항 옥상에 기관포를 거치시키기도 했다.

내·외신 기자 1백여 명과 함께 비행기에 올라간 총영사 오중정 씨가 맨 처음 본 광경은 텅 빈 기내의 맨 가운뎃줄 좌석에 노부부 두 분이 나란히 앉아 있는 모습이었다. 오중정 씨가 인사를 드렸더니 반가워하면서 "내가 여기 좀 쉬러 왔어, 한 3주일 쉬고 갈 거야, 오 영사"라고 했다.

경호 관계자들은 트랩에서부터 출구까지 이 박사 부부의 통로를 만들면서 환영인파와의 거리를 유지하도록 안전선을 그어 놓았다.

그런데 트랩에서 내린 이 박사는 "이게 무슨 말이야, 내 동포에게 내가 못 간다니"하면서 그냥 군중 속으로 파묻혀버렸다. 당시 미군 사령관과 총영사 오중정 씨 등 경호를 책임진 사람들은 이 때문에 아연실색하며 식은땀을 흘렸다.

하와이에 도착한 날 당시 한국에서 만들어낸 뉴스는 이 박사에 대한 곱지 않은 시선을 전해주고 있었다.

이 박사가 하와이에 도착한 1960년 5월 29일자 하와이 〈애드버타이저〉지는 이승만 박사가 호놀룰루로 망명했다는 사실과 함께 한국의 김용갑 재무부 차관이 이승만 박사가 집권 12년 동안 1천 990만 달러를 유용했다는 내용으로 이승만 박사를 기소했다는 사실을 보도하고 있었다. 모두 한국의 언론에 보도된 내용들이었다.

〈애드버타이저〉 5월 30일자 신문에는 당시 85세의 고령이던 이 박사가 한국 정부에서 주장하는 유용설과 망명설을 전면 부정하며 "난 단지 쉬러 왔을 뿐"이라고 주장한 내용이 실려 있다.

첫 번째 거주지, 윌버트 최씨의 별장

교포들은 고령의 이 박사 부부가 가실 곳이 마땅치도 않고, 오랜 기간 동안 머물 것도 아니라는 판단에 조경 사업을 하고 있는 월버트 최(崔)씨의 별장으로 모시고 갔다. 월버트 최씨는 하와이에서 조경 사업으로 상당한 성공을 거두고 있었고, 이 박사의 전용기가 내린 호놀룰루 공항의 조경도 그가 담당한 것이었다.

이곳에서 여장을 푼 이 박사 내외는 '휴양객' 이상도 이하도 아니었다. 당시 이 박사는 별다른 갈등을 보이지 않았다. 프란체스카 여사의 책 《대통령의 건강》에도 잠깐 언급된 별장 생활은 그 당시 이 박사의 심정과 상황을 잘 보여주고 있다.

> 하와이에 도착한 후 독립운동 당시의 옛 동지들과 사랑하는 제자들을 만나게 된 대통령은 한결 즐거운 듯했고 건강도 좋아지는 듯싶었다. 우리는 별장에서 기거하며 옛 동지들과 제자들의 방문을 받기도 하고 초대에 나가기도 하였다. 매주 일요일에는 독립운동 당시 대통령이 창립한 한인기독교회(韓人基督敎會)에 참석하여 다정한 교우들과 함께 예배를 봤다.

별장에서도 교포들은 북한의 테러를 의식한 듯, 유학생 두

명을 항상 기거토록 조치해 두었다. 이 무렵 프란체스카 여사의 "매주 일요일에는 교회에 나갔다"는 대목은 단지 한 달 동안 세 차례에 불과했음을 가리킨다.

당시 하와이 주재 〈조선일보〉 통신원이었던 차지수(車指壽) 씨의 기사를 보면 이 박사가 5년 동안의 하와이 망명생활을 통해 공적인 모임에 모습을 보인 것은 모두 다섯 차례에 불과하다고 기록되어 있다. 교회에 세 번, 해양대학 훈련생의 하와이 친선방문 때 가진 유학생들과의 축구시합에 한 번, 그리고 교포 목사 딸의 백일잔치 때가 마지막이었다.

그 밖의 외출에 대한 이야기는 애견(愛犬) 해피와 관련한 세 번의 외출이 가장 큰 나들이라고 오중정 씨는 기억하고 있다. 별장에서 기거하는 동안 귀국이 계속해서 연기되자, 제일 먼저 이 박사를 위해 취해진 측근들의 조치는 한국에 두고 온 애견 해피의 미국행이었다.

'잉글리시 토이 스패니얼' 계통으로 코가 뭉툭하고 축 처진 귀에 노란점이 드문드문 있는 이 개는 외국인으로부터 선물 받은 것으로, 슬하에 자식이 없던 이 박사 부부로부터 끔찍한 사랑을 받고 있었다.

평소 이 박사 부부가 영어로만 대화를 했던 이유 때문에 해피도 영어만 알아들었다. 이화장 측으로부터 한 달만 맡아달라고 제의를 받은 편정희(片正姬) 여사의 이야기를 들어보면, 해피는 영어로만 말을 알아들어 주인이 없던 이화장 측에서 기르기가 아주 곤란했던 모양이다. 편정희 여사는 두어 달 기르다가 미국으로부터 하와이로 가는 인편으로 이 개를 보내라는 전갈을 받고 하와이로 보냈다.

"요즘 우리나라는 어떻게 되어 가나?"

한편 하와이의 별장에 머물면서 자신의 귀국이 늦어지는 이유를 알 수 없어 답답해하던 이 박사는 해피가 하와이로 왔다는 소식에 대단히 기뻐했다. 말년에 공식행사에는 다섯 번 참석한 데 비해 해피를 위한 외출은 세 번씩이나 했던 것을 보면 그 기쁨을 미루어 짐작할 만하다. 그러나 실제로는 해피와 산책을 함께 간 것이 아니라 당시 미국 주법(州法)에 의해 120일 동안 검역을 위한 구금상태에 놓인 개를 면회하기 위해 외출한 것이었다고 한다. 그것이 이 박사의 가장 기쁜 외출이었던 셈이다.

양복차림의 이 박사가 건물 외벽을 등지고 의자에 앉아 개를 무릎 위에 앉힌 채 두 손으로 해피의 앞발을 반쯤 들고서 찍은 사진은 이 무렵의 것이다.

그리고 크리스마스 때면 교포들이 모여 파티를 했고 그때 한 차례 외출을 한 것이 외출의 전부였다. 그러나 귀국이 이유 없이 계속 늦어지자 이 박사도 점점 불안해하기 시작했다.

이 무렵부터 이 박사의 건강은 악화일로를 걷는다. 이 박사가 보행에 불편을 느껴 부축을 받아야 했던 때가 이때부터였다. 자주 트리풀러 육군병원을 다녀야 했다. 길어야 한 달을 지낼 것으로 믿고 간단한 옷가지만을 챙겨 하와이로 왔던 이 박사는 별장에서 무려 6개월을 보내야 했다. 그리고도 기약 없는 상황은 계속되었다.

당시 양복점을 운영하며 이 박사를 친부모님처럼 모시던 교포 최백렬 씨와 오중정 씨, 그리고 윌버트 최씨 등이 모여 의논한 결과 주택가로 두 분을 모셔야 한다는 결론에 이르렀다. 마침 윌버트 최씨가 팔려던 마키키(Makiki) 가(街) 2033번지의 목조건물 한 채가 있어 교포들은 이 박사 내외의 거처를 이곳으로 옮기도록 주선했다. 여기서 1년 4개월간의 마키키 생활이

자식이 없던 이 박사 부부가 자식처럼 아끼고 사랑한 애견 해피와 함께 하와이에서.

시작된다.

마키키 가의 주택생활 무렵부터 이 박사는 트리풀러 육군병원을 자주 가야 했다. 때로는 건강이 악화되면 입원을 하기도 했다. 입원기록을 보면 1961년 3월 1일 심장관계로 앰뷸런스로 옮겨졌으나 이튿날 상태가 호전되어 퇴원한 적이 있고, 그해 4월 15일에는 잔등에 종기가 심해서 입원하여 3주간 치료를 하고 5월 9일 퇴원을 했다.

그 밖에도 현기증이 일어나 입원하기도 했다. 당시 이 박사는 노인성 질환을 앓고 있었던 것 같다. 혈압이 올라가면 아주 위험하다는 점을 의사는 부인 프란체스카 여사와 주위 사람들에게 경고했고, 이 때문에 이 박사의 감정을 건드릴 만한 문제는 항상 얼버무리거나 혹은 선의의 거짓말로 대답해 넘겨야 했다.

이 박사가 하와이에서 여생을 보내는 동안 집중적으로 고민하고 질문했던 문제는 한국의 현재와 미래에 관한 심려, 그리고 자신의 환국이었다. 첫 번째 문제인 "요즘 우리나라는 어떻게 되어 가나?"라는 질문은 그를 만났던 교민과 친지들 모두가 가장 많이 기억하는 두 개의 질문 중 하나였다.

이 질문에는 너나 할 것 없이 "잘 되어갑니다"라는 식이었고, 이 박사는 확인할 도리가 없었으므로 그럭저럭 받아 넘길 수밖에 없었다. 그러나 자신의 환국 문제만큼은 눈을 감을 때까지 그 자신을 가장 답답하게 만들었고, 그만큼 그를 간호하고 모셨던 사람들을 곤혹스럽게 만든 질문이기도 했다.

1875년에 태어나 73세 고령의 나이로 비로소 나라를 세우고 대통령이 되었던 이 박사로서는, 대통령이 된 이후부터 그가 눈을 감을 때까지 그의 면전에서 각박하나마 제대로 저간의 사정들을 이실직고해 줄 사람들은 만날 수 없는 운명이었는지도 모른다. 이 박사가 대통령직에 머물 당시 그의 주위에 항상 아부를 잘하는 관리들이 들끓었던 이유 중 하나는 '노인에 대한 배려'가 관리들 개인의 욕심과 어우러져 '심려를 끼쳐드리지 않기 위해서'라는 명분을 제공한 때문이지 않았을까.

"저기가 우리나라 땅인데..."

이 박사가 대통령직에 오른 이후 하와이에서 눈을 감을 때까지 솔직한 보고(報告)와는 인연이 없었던 것만은 확실하다.

"마키키의 작은 집. 아주 쬐그만 집. 마당까지 해서 30여 평이나 될까? 일층은 지하실까지 해서 창고 같은 방이 하나. 뒤에는 작은 뜰이 있었고, 이층에 사방 3m가 조금 넘을까 하는 침실이 두 개, 그리고 부엌 하나. 그뿐이었어요. 이 박사는 거기서 신문지를 갖다 놓고 붓글씨를 쓰시곤 했지. 지금도 이 집은 있지만 수리를 해서 조금 모양이 변했지요."

당시를 회고하는 오중정 씨의 말이다.

이 박사가 마키키로 집을 옮기던 날, 교포들은 자신들이 쓰던 가구들을 하나 둘씩 가져와 책상이며 식탁과 주방도구들을 마련해 주었다. 그중에서 식탁은 지금도 이화장에 전시되어 있는데, 알루미늄으로 만들어진 조립식이었다. 가로 120cm, 세로 90cm 정도 되는 포마이카 식탁판은 3등분되어 접을 수 있도록 되어 있는데, 보면 볼수록 건국 대통령의 식탁으로는 턱없이 초라하다는 생각이 들었다.

이 식탁에서 이 박사는 식사 때마다 나라를 위한 기도를 계속했고, 아침마다 서쪽을 가리키며 "저기가 서편이야. 바로 저쪽이 우리 한인들이 사는 데야"하고는 멍하니 바라보곤 했다.

"아니, 식사는 안 드실 생각이세요?"하고 프란체스카 여사가 주의를 환기시켜드리면 매우 못마땅한 듯이 "왜?"하고 대답하는 것이었다.

당시 프란체스카 여사의 기록.

우리의 생활은 몹시 단조로웠으며 나는 워싱턴에서의 독립운동 시절과 같이 살림을 꾸려나갔다. 우리를 도와주는 동지들과 제자들에게는 미안한 마음이 들었으나 우리는 이런 생활이나마 허락해 주신 하느님께 늘 감사하였다.

독립운동 하듯 여생 보낸 두 노인

'독립운동 하듯' 여생을 보내야 했던 전직 대통령 부부. 프란체스카 여사의 기록을 좀더 살펴보자.

단 두 식구가 사는 간단한 살림이었지만 나는 하루 종일 쉴 새 없이 일했다. 나는 집안을 청소할 때마다 창문의 유리를 두 장씩 닦아 나갔다. 그렇게 하면 1주일이 지나는 동안 닦아야 할 집안의 유리창문은 모두 나의 손을 한 번씩 볼 수가 있어 깨끗한 창문을 유지하게 되는 것이었다.

대통령은 넓지 않은 마당에 나가 화초에 물을 주기도 하고 나무에 손질을 하며 마음속의 시름을 달랬다. 대통령은 이때에도 무슨 음식이나 잘 들었고 체중이 주는 일도 없었으므로 나는 항상 과식을 삼가도록 배려했다. 체중이 늘면 고혈압을 일으키는 원인이 되며 특히 노인의 건강에 해롭기 때문이었다. 나는 대통령의 보행을 위해 매일 시간을 정해 옥외로 함께 나가 산책을 했다. 이렇게 1960년 한 해를 하와이에서 넘기게 되자 1961년 설날 나는 떡국을 끓여 대통령에게 아침식사를 들게 했고 친지와 교포들이 어린 자녀들을 데리고 세배를 와서 우리를 기쁘게 해 주기도 했다.

이 글을 쓰면서 프란체스카 여사에 관한 언급을 피할 수가 없을 것 같다. 잠시 그녀에 관한 부분을 요약해 본다.

늙어서도 자신보다 스물다섯 살이나 더 먹은 이 박사의 건강을 돌보았던 프란체스카 여사. 그녀가 이 박사를 처음 만나게 된 것은 1933년 스위스 제네바의 레만 호숫가에 위치한 호텔 '드 라 뤼씨'에서였다.

퍼스트레이디 프란체스카

프란체스카 여사의 집안은 오스트리아에서 대대로 양조업을 해왔다고 한다. 그러나 대를 이을 아들이 없자 막내딸인 프란체스카에게 사업을 물려주기로 하고 남자처럼 강인하게 훈련시키면서 상업전문학교에 보냈고 언어수업을 위해 스코틀랜드까지 유학을 시키기도 했다.

이런 프란체스카가 어머니와 함께 유럽을 여행하다 동양에서 온 노신사 이승만을 만났을 때 그녀는 33세로 영어 통역관 국제 자격증을 가지고 있었고, 속기와 타자에 아주 능숙했었다. 그녀는 마치 이승만이란 인물을 만나기 위해 살아온 여성 같았다.

어머니와 그녀가 이미 만원이 된 호텔의 4인용 식탁에 앉아 식사를 기다리고 있을 때, 자리를 잡지 못한 이 박사를 위해 지배인이 "동양에서 오신 귀빈이 자리가 없으신데 함께 합석하셔도 되겠습니까?" 하고 양해를 구했다.

  여사의 어머니가 이 박사를 한번 훑어 본 뒤에 안심을 하고 승낙했음은 물론이다. 여사는 당시 이승만 박사와 마주앉아 식사를 하면서 매우 놀랐다고 그녀의 책에 적고 있다.

  지배인의 안내를 받으며 우리가 앉아 있는 식탁으로 온 이 박사의 첫인상은 기품 있고 고귀한 동양신사로 느껴졌다. 그는 프랑스어로 "좌석을 허락해 주셔서 감사합니다"하고 정중하게 인사 한 뒤 앞자리에 앉았다. 그리고 곧바로 메뉴를 가지고 온 웨이터에게 높은 신분으로 보였던 이 동양신사가 주문한 식탁을 보고 나는 무척 놀랐다.

사워크라우트라는 시큼하게 절인 배추와 조그만 소시지 하나, 그리고 감자 두 개가 전부였다. 당시 유럽을 방문하는 동양 귀빈들의 호화판 식사와는 달리 값싼 음식만을 주문했기 때문이다.

나는 왜 그런지 이 동양귀빈의 너무도 초라한 음식접시에 은근히 신경이 쓰였다. 그리고 숙녀들에게 먼저 말을 걸어오는 서양 신사들과는 달리 온화한 표정으로 말없이 앉아서 웨이터가 음식을 가져오자 식사를 하기 전에 불어로 "본 아뻬띠!"(맛있게 드세요)하고 우리에게 예의를 갖춘 후 조용히 식사만 하고 있는 이 동양 신사에게 사람을 끄는 어떤 신비한 힘이 있는 것 같이 느껴졌다.

동양 신사의 보이지 않는 신비한 힘에 이끌린 그녀와 이승만 박사와의 결혼에 이르는 과정은 '절제된 사랑의 아름다움'이라 표현해야 적당할 것 같다. 빈의 숲 속을 함께 거닐며 노처녀 프란체스카가 배운 한국말은 '사랑'이라는 로맨틱한 단어였다.

그녀는 그동안 연마해 온 자신의 특기를 자금과 일손이 한없이 필요했던 항일 독립투사를 위해 무료봉사하기 시작했다. 시간과 경비를 줄이기 위해 식사대용으로 날계란에 식초를 타 마시며 독립운동을 하고 있던 저명인사를 여사의 집안에서는 단연코 거부했지만, 이 두 사람의 결혼은 이듬해인 1934년 10월 8일 뉴욕 몽클레어 호텔 특별실에서 윤병구 목사와 존 헤인즈 홈즈 목사의 합동 주례로 이루어졌다.

그 후 이승만 박사의 전 생애에 걸쳐 그녀는 훌륭한 비서의 역할을 했다. 미국에서 독립운동을 하던 시절에 한인 동지회 측은 벽안(碧眼)의 이방인을 아내로 맞은 이승만에 대해 거부감이 일어나 공식행사에는 혼자 참석하도록 종용하기도 했지만 이승만 박사는 아내를 끝까지 데리고 나갔다. 아내에 대한 남편의 존중 못지않게 프란체스카 여사의 남편에 대한 존경은 그녀의 전 생애에 걸쳐 면면히 이어졌다.

　나라를 잃고 망명 중이었던 이승만 박사와 함께 자청해서 망명생활의 짐을 나누어지고 내핍생활을 견지하며 항상 한국을 자신의 내면으로 받아들였던 프란체스카 여사. 그녀의 남편에 대한 존경과 인내하는 자세는 전통적인 한국 여성들에게도 찾기 어려울 만큼 감동적이기까지 하다. 그녀는 1992년 3월 19일 이화장에서 92세로 타계했다.

두 번째 양자 이인수 씨

　마키키에서 이승만 박사는 아내 프란체스카에게 간간이 6대 독자인 자기 때문에 남달리 고생만 하시다가 멀리 해외에서 독립운동을 하는 아들을 그리며 홀로 쓸쓸히 돌아가신 아버님 이야기를 했다. 그러면서 자신은 선영을 돌볼 아들이 없음을 자주 토로했다.

이런 이야기가 몇 차례 오가고 난 뒤에 두 노인은 다시 양자를 맞아들일 것을 고려해야 했다. 이기붕(李起鵬)의 아들 이강석(李康石)을 양자를 맞아들인 적이 있었지만 4·19 직후 일가족 동반자살로 비극 속에 사라진 뒤로 한동안 양자 문제를 거론하지 않았던 것이 사실이었다. 그러나 한 사람은 90을 바라보고 또 한 사람은 환갑을 넘겼으니 쓸쓸한 두 노인에게 양자만은 절실했다.

누가 한국에 가서 이 어려운 일을 해줄 것인가를 골똘히 생각한 끝에 뉴욕에 있는 이순용(李淳鎔) 씨(작고)에게 이 일을 부탁하기로 했다. 이 씨는 대통령과 함께 독립운동을 했고 한때 내무부 장관을 지낸 일이 있었다. 그는 한인동지회의 오중정 씨로부터 연락을 받고 호놀룰루로 와서 이승만을 만났다. 이때가 1961년 5월 초, 5·16이 일어나기 직전이었다.

이승만 박사는 이순용 씨의 손을 꼭 잡고 "내가 이런 처지에 있는데 나에게 누가 아들을 줄 사람이 있겠나. 하지만 내 후사

(後事)를 이을 아들이 필요하네"하며 간곡히 부탁했다. 자초지종을 다 이해한 이순용 씨가 이승만 박사의 양자를 구하러 한국에 왔을 때는 5·16이 일어난 다음이었다.

그 무렵 군사정부 측에서는 자유당 정부 때의 장관이 미국에서 급거 귀국한 사실만으로도 긴장할 수밖에 없었다. 이 일로 말미암아 당시 서울 국제호텔에 묵고 있던 이순용 씨는 한동안 모든 행동을 감시받는 생활을 해야 했다.

이런 와중에 이순용 씨는 종친회를 통해 이승만 박사의 양자를 찾아 나섰다. 당시 이승만 박사의 양자에 적합한 사람은 네 가지 조건에 맞아야 했다. 맨 첫 번째 조건은 계대(系代)를 맞춰야 한다는 것이었다.

양녕대군(讓寧大君)의 16세손이었던 이승만 박사는 계대에 의하면 이을 승(承)이 돌림자였고, 따라서 17세손의 돌림자인 빼어날 수(秀)가 이름에 있어야 했다. 원래 이기붕의 장남 이강석은 효령대군(孝寧大君)파여서 종친회에서도 말이 많았다고 한다.

양자에 적합한 두 번째 조건은 현재 양부모가 모두 늙어 어려울 때이니 너무나 어려서는 안 되고 대학 정도는 졸업해야 한다는 점이었다. 그리고 세 번째로 미혼이란 조건이 붙었고, 끝으로 양부모의 문화적 배경을 이해해서 영어를 할 줄 알아야 한다는 것이었다. 프란체스카 여사는 한국말을 잘 못했다.

"그 놈도 나를 좋아하겠지?"

이런 조건이 붙자 후보는 아주 적었고 결국 16세손인 이승용(李承用) 씨(당시 양주군楊州郡 교육감)의 장남 이인수 씨가 양자의 적임자로 오르게 되었다. 이때가 1961년 6월이었다. 그러나 이인수 씨는 그다지 쉬운 일이 아니란 것을 알고 좀 더 좋은 사람을 추천해 보라고 몇 차례나 고사했다고 한다.

9월이 되자 하와이에서 독촉하는 전갈이 왔다. 종친회에서는 '집안을 위해서는 누군가는 해야 할 일'이란 명분을 세워 끈질기게 독촉을 했고, 더 이상 거절할 명분이 서지 않던 이인수 씨는 결국 하와이로 향하는 비행기에 몸을 실었다. 명지대 법학과 교수로 재임했던 이인수 씨는 당시를 이렇게 회고한다.

담담하기도 했지만, 어떤 사명감을 가지고 있었지요.
권력도 없고 아주 어려운 때 제가 그 분들의 양자로 간다는 사실이 제게 책임감을 많이 느끼게 했습니다. 그 당시 하와이 형편이야 집안으로부터 익히 들어 잘 알고 있었으니까요. 갈 때는 제가 재떨이며 선물이 될 만한 물건들을 좀 사가지고 갔습니다. 교포들과 미국인들이 두 분의 생활을 돕고 계신다기에 그 분들께 드릴 선물을 마련한 겁니다. 어쨌든 집안의 모든 책임을 나의 두 어깨에 짊어져야 한다고 생각했지요.

한편 하와이에서 양자를 사진으로 먼저 받아본 이 박사는 하와이에 온 이후 가장 밝은 표정을 지었다고 한다. 이승만 박사는 그때부터 양아들 인수가 오기를 기다렸으며 수속상 시간이 걸리게 되자 "그놈이 정말로 나를 좋아한다면 더 서둘러 빨리 와야 하는 것이 아닌가?" 하면서 몹시 마음을 썼다.

프란체스카 여사에게도 곧잘 농담을 걸어오기도 했고 종종 거울까지 들여다보며 젊은이처럼 "그 녀석도 내가 저를 좋아하듯이 나를 좋아하겠지?" 하고 부인에게 묻기도 했다.

1961년 12월 13일 정오, 이승만 박사가 그토록 기다리던 양아들 이인수 씨가 호놀룰루 공항에 도착했다. 노부부는 번잡을 피하기 위해 공항에 나가지 않고 집 앞 테라스에서 기다렸다. 최백렬 씨와 오중정 씨 등 교포 10여 명이 이인수 씨에게 꽃다발을 걸어주었다. 이들이 차를 타고 20여 분을 달려 녹색 수림이 울창한 주택가에 다다르자 하얀 목조건물이 나타났다.

"언제 내가 우리 땅에 가게 돼?"

이인수 씨는 차에서 내려 검정 양복에 안경을 쓰고 백발이 성성한 노인이 역시 백발에 여윈 듯이 보이는 부인의 부축을 받고 테라스에 서 있는 모습을 발견했다. 바로 이인수 씨의 양아버지인 이승만 박사였다. 이승만 박사는 상기된 표정이었으며 마당을 들어서는 이인수 씨를 바라보자 기쁨을 억누르지 못하며 손을 흔들었다. 층계를 올라온 이인수 씨가 한국식 큰 절을 올렸다.

아들 인수 씨가 손을 잡고 방에 들어가자마자 소파에 앉은 이 박사는 "지금 우리나라가 어떻게 되어 가지?"하고 물었다. 이인수 씨는 "지금 많은 사람들이 나라를 위해 열심히 일하고 있으니 잘 되어갈 것입니다. 염려마십시오"라고 대답했다.

"그런가? 나라가 잘 되어 간다면 그것은 참 좋은 일이야……."하고는 눈을 지그시 감았다. 잠시 동안 노인의 얼굴에 회한의 빛이 서리는 듯했다. 그러다가 곧 깊은 한숨과 함께 눈을 뜨면서 침통한 표정으로 또박또박 말했다.

"그런데…… 너는 남이 잘된다, 잘된다 하는 소리 아예 믿지 마라……. 이렇게 절단이 난 걸……. 그렇게 우리나라 일이 쉬운 게 아니야!"

침통해진 남편의 얼굴을 본 프란체스카 여사는 아들 인수에게 뒤뜰이 보이는 마루방에 마련된 환영식탁으로 이 박사를 모시고 나오도록 했다. 이 박사 부부가 아들을 맞는 경사에 친지와 제자들이 축하 인사로 김치는 물론 고비나물까지 한국 음식을 골고루 마련해 왔다.

환영해 준 교포들도 다 가고 세 식구만 남은 마키키집은 다시 쓸쓸함과 적막감이 감돌고 있었다. 아래층 창고 같은 작은 방에 침실을 정한 이인수 씨는 이튿날 밤에도 여독(旅毒)이 채 가시지 않았다. 2층에서 일찍 내려와 막 잠이 들 무렵이었다.

들릴락 말락 하는 노크 소리에 놀라 일어난 이인수 씨가 문을 열었을 때 캄캄한 어둠 속에 프란체스카 여사의 부축을 받고

양자 이인수 씨를 맞아 모처럼 환하게 웃는 이승만 박사 부부.

서 있는 이승만 박사를 보았다. 이인수 씨의 양어머니는 "아버님이 지금 한국말로 뭐라고 말씀을 계속하시며 나를 끌고 이리로 오자고 해서 모셔 왔는데, 무슨 뜻인지 통역 좀 해 달라"고 했다.

급히 이인수 씨가 자신의 방으로 모시니 이 박사는 상기된 표정으로 대뜸 "애야, 우리나라 가는 데 얼마나 걸리냐?"고 물었다. 이인수 씨는 시간을 의미하는 질문 같지가 않아서 "경비를 말씀하시는 겁니까?" 하고 물으니 "그렇다"며 고개를 끄덕였다.

이인수 씨가 양어머니에게 통역을 하자, "또 그 걱정이 일어나셨구나. 월버트 최씨가 한국에 돌아가는 모든 비용을 대준다고 우리에게 약속했으니 그렇게 이야기를 해보게" 하며 그 과정을 낱낱이 설명했다. 이인수 씨가 다시 이승만 박사에게 우리말로 설명을 드렸다.

"그럼 언제 내가 우리 땅에 가게 돼?"

"한 서너 달 지나면 한국이 날씨도 풀리고 그러면 그때는 가시게 될 겁니다."

이인수 씨는 즉흥적으로 대답했다.

그러나 이승만 박사는 그 말을 좀체 납득하려 하지 않았다.

떨리는 손을 천천히 이인수 씨에게 내보이더니 "자, 이것 좀 봐……. 내가 전에 갈려고 할 때 석 달만 기다리라고 하지 않았어? 그런데 자, 지난번에도 하나 둘 셋…… 지금도 하나 둘 셋이니 왜 세월은 안 간다나?" 하며 세 손가락을 꼽았다 폈다 했다.

이번만은 속지 않겠으니 정확한 날짜를 대라는 표정이었다. 양자가 정해질 무렵에도 박사는 종친회를 통해 환국하겠노라고 알렸지만 종친회 측에서는 날씨도 그렇고 하니 석 달만 기다리라고 간청하여 겨우 무마시켰던 일이 있었다. 당장이라도 달려가고 싶은 그가 힘들게 얻은 자식의 입에서도 또 다시 석 달이란 말이 나오게 되자 기가 막힌 표정이 되었던 것이다.

"내가 한국 땅을 밟고 죽기가 소원인데……. 여기서 죽으면 어떻게 해……. 모두 어떻게 할 작정이야?"

이 말을 하는 그의 상기된 두 볼에는 굵은 눈물이 흘러내렸다. 타국에서 밤을 맞은 세 사람은 한동안 말없이 한숨만 쉬고 있었다.

이런 일은 종종 있었고 그럴 때마다 울고 싶은 심정인 된 이인수 씨와 프란체스카 여사가 이 박사를 달래어 진정시켜야 했다.

떡국을 좋아한 이 박사

하와이에 와서 보행마저 불편해진 이 박사는 무척이나 외롭고 쓸쓸했는데 아들 이인수 씨가 오자 큰 힘이 되었다. 객지에서 건강이 나빠진 고령의 노인이 아들을 곁에 두게 되자 많은 위로를 받게 되었던 것이다. 특히 매일 아침 이인수 씨가 예의를 갖추어 아침 문안을 드릴 때마다 몹시 기뻐했다.

세 식구는 아침 7시 반에 일어나고 8시 반에 식사를 했는데 식사 전에 이 박사가 기도를 했다. 아주 작은 소리로 기도를 해서 옆 사람도 잘 알아듣지 못했다. 아침 식사는 과일주스 한 컵과 빵을 먹었다. 아침식사가 끝나면 이인수 씨와 프란체스카 여사가 번갈아 가며 성경과 신문을 읽어 드렸는데 이승만 박사는 아들이 읽으면 더 좋아했다.

부인이 설거지를 하는 동안 이 박사는 아들의 부축을 받으며 테라스로 나가 바깥 공기를 쐬었다. 10시 반이면 이 박사의 운동시간이다. 부엌에서 약 10m쯤 떨어진 마루방까지 10회를 왕복하는 일이었다.

이것은 의사의 권고에 따라 다리의 보행력을 유지하는 데 꼭 필요한 운동으로 이 박사는 이인수 씨의 부축을 받아가며 걸었다. 운동과 관련해서는 이인수 씨의 회고를 들어보자.

> 아버님은 참 꼼꼼하셨습니다. 부엌 벽의 붙박이장에는 허리 높이 정도에 선반이 있었어요. 이 선반 한쪽에 종이를 끼우는 클립 열 개를 모아 두셨습니다. 운동이 시작되면 으레 그 선반에서 출발해 마루방까지 왕복을 합니다.
>
> 한 번 왕복할 때마다 아버님은 그 클립 중 하나를 선반 반대편으로 옮겨 두셨습니다. 일종의 만보기(萬步器)인 셈이었지요. 그날 치 운동을 다하게 되면 클립은 선반 반대편에 모이게 되는 겁니다.
>
> 그런데 제가 있을 때도 기력이 점점 약해지셔서 열 번을 왕복하는 것조차 힘들어 하시는 겁니다. 그래서 가끔씩 제가 클립을 옮겨드린다고 하면서 한 번에 두세 개씩 옮겨 놓았어요. 그러면 아버님께서는 '내가 벌써 열 번을 했어?' 하시며 건강이 좋아졌다고 아주 기뻐하셨지요.

점심은 그날의 식단에 따라 만든 반찬과 밥과 김치가 전부였다. 김치는 이 박사의 고혈압을 생각해서 부인이 조금씩만 접시에 놔드렸는데 이 박사는 늘 아들 인수 앞에 놓인 김치 그릇에서 더 집어다 들었다.

점심식사가 끝나면 약 1시간 동안은 온 식구가 낮잠을 잤다. 이 박사의 건강이 좋았을 때는 오수(午睡) 시간 후에 마당에 나가 꽃에 물을 주거나 나무 손질도 했다.

이 무렵 이 박사는 신문지를 펴놓고 붓글씨 연습을 간간이 했고, 자신이 독립운동을 하면서 지었던 많은 한시(漢詩)들을 묶어 내고 그 표지의 제자(題字)를 썼다. 그 제목 글씨 '替役集(체역집)'은 하와이에서 탄생한 이 박사의 마지막 서예작품이었다.

하오 6시가 되면 저녁식사 시간이다. 주로 밥을 지었지만 때로는 국수를 만들기도 했다. 아버지와 아들은 똑같이 식성이 좋아서 반찬이 좋든 나쁘든 식탁 위의 그릇들은 설거지가 필요 없을 정도로 깨끗이 비워졌다. 특히 떡국을 끓일 때는 부자가 대환영이었다.

저녁 설거지가 끝나면 보통 7시가 넘었는데 약 10분 동안 성경을 읽고 이승만 박사의 저녁기도가 끝나는 8시쯤에는 모두가 침실에 들어갔다.

그러나 이러한 시간에도 부인 프란체스카 여사를 안타깝게 하는 것은 자나 깨나 귀국할 일념뿐인 이 박사가 "또 하루를 하와이에서 보내버렸다"며 못 견디게 괴로워하는 모습이었다.

"어서 가야겠다!"

아들 이인수 씨가 이 박사의 옆에 앉아 있으면 더듬더듬 말을 건네곤 했다.

"지금 우리나라에서 누가 남북통일을 하려는 이가 있나?"

"우리 국민의 소원이니 모두가 생각하고 있습니다" 하고 이인수 씨가 으레 생각해 둔 대답을 한다. 그러자 이 박사는 "그까짓 생각만 해서 뭘 해? 아, 이승만이가 한바탕 했으면 또 누가 나서서 해야 할 게 아니아. 내 소원은 백두산까지 걸어가는 게야"라고 한다.

답답해서 하는 소리인지도 모른다. 그러나 이인수 씨는 대답이 막혔다. 묵묵부답. 다시 아버지의 이야기.

"그럼 일인(日人)들은 어떡허구 있누?"

화제를 일본으로 돌렸다. 즉각적인 답이 쉽지 않은 질문이었지만 이인수 씨가 도쿄를 경유해 하와이로 오면서 들은 이야기를 말했다.

"그네들도 요즘은 불경기에 실업문제로 곤란을 겪고 있답니다."

이런 얘기가 오간 하루는 온 종일 이 박사의 얼굴에 근심이 떠나질 않는다. 마치 자신의 일인 양 국내 문제 하나하나에 온 신경을 집중하며 앉아 있게 된다. 프란체스카 여사가 아들 이인수 씨에게 이런 충고를 해 줬다.

"바로 저런 것이 아버님의 병환이시다. 아버님께선 조금이라도 자극이 있는 말씀만 들으시면 그것이 풀릴 때까지 골똘하시니 네가 말조심을 단단히 해야 한다."

이런 일로 해서 모자(母子)는 서로 약속이나 한 듯이 고국에 관한 신문기사를 가능한 제대로 알려주지 않았다. 이 박사는 이로써 마지막까지 박정희(朴正熙)라는 인물이나 그 정권의 속성에 대해 제대로 알지 못했다.

이인수 씨는 아버님을 보다 잘 설득하려 애썼다. 1961년 12월 어느 날 오후, 이 박사는 또다시 짐을 챙기면서 "어서 가야겠다"고 했다. 그러자 이인수 씨가 "지금 한국은 눈이 많이 쌓이고 춥습니다"라고 만류했더니 "추우면 오버를 입으면 돼. 괜찮아" 하며 아들의 말을 가로막았다.

1961년 12월 17일은 일요일이었다. 아버지를 모신 아들이 한인 교회에 나갔다. 이 박사가 1918년에 지은 이 교회는 '한인 기독학원'과 '동지회'를 포함한 이 박사의 하와이 3대 사업 중 하나다.

아들의 부축을 받고 교회 안에 들어서자 교포들이 달려 나와 이 박사를 부축했다. 예배가 끝난 후에는 교포들이 이 박사의 건강을 묻는 인사가 계속됐다.

이날 저녁에는 하와이 영사관으로부터 최백렬 씨와 김학성 씨 등이 최근의 공보(公報)영화 필름을 빌려와 집안에서 영사회를 가졌다. 그러나 '토키(talkie: 발성영화)'가 너무 빨라 말이 제대로 들리지 않는 경우가 많았기에 옆에서 이인수 씨가 설명을 해드렸다.

공보 영화

국토건설사업이 소개되어 건설 실황을 이 박사에게 설명하고 있는데 갑자기 이 박사가 박수를 쳤다.

"한인들 잘 허네! 아, 왜들 이렇게 안 해?" 하며 기쁜 얼굴로 주위 사람들에게 박수를 치라고 권했다. 최백렬 씨 부부와 몇몇 교포들도 웃으면서 박수를 치자 이 박사는 "우리 날마다 이렇게 하세!"

그 한 마디가 한바탕 웃음바다를 만들었다.

1961년 크리스마스가 다가오고 있었다. 테라스에 나와 바람을 쐬며 자신의 처지를 생각하는 듯 "이거 다 죽어가는 몸이 어쩌다가 하루를 이렇게 보내누" 하고는 긴 한숨을 내쉬었다. 아들 인수 씨가 진정시켜 드리며 부축해서 방안의 소파에 눕혀드리자 가슴에 북받치는 슬픔을 억제할 수가 없었던지 고향을 잃은 노인은 또다시 흐느껴 운다.

마키키에서의 크리스마스 시즌은 세 식구에게 부담스러운 날이기도 했다. 각계에서 날아드는 카드에 일일이 답장을 해야 한다는 것은 쉬운 일이 아니었다. 더구나 넉넉한 형편도 아니었기 때문에 더욱 그랬다.

이인수 씨는 주로 한글로 된 카드의 주인에게 답장을 보냈고, 프란체스카 여사는 외국인들에게 답장을 보냈다. 두 사람이

개봉한 카드 중에는 가끔씩 수표나 현금이 들어 있었다. 교포들과 미국인들이 보낸 후원금이었다. 이 박사의 하와이 생활 5년 2개월간은 전적으로 그곳의 한인 교포들과 미국인 친구들의 도움으로 살았다. 대통령직에서 물러난 뒤부터 자금에 관한 부분은 단 한 번도 풍족한 때가 없었다.

이화장에서 경호원으로 근무했던 우석근 씨의 이야기를 측근을 통해 들어보면 이화장 생활을 하는 동안에도 경호원들이 돈을 모아서 연료를 사야 했다고 한다. 이런 내핍생활은 하와이에서도 계속되었다. 그러나 이 박사 부부가 재산을 모아두고 이런 생활을 하게 된 것은 아니었다. 열심히 일했지만 자신을 위한 돈은 거의 모아 두질 않았던 것이 확실하다.

며느리로서 프란체스카 여사를 20년 이상 모셨던 이인수 씨의 부인 조혜자 여사는 이 분들의 생활을 처음엔 제대로 이해할 수 없었다고 한다. 그러다 훗날 프란체스카 여사가 임종할 무렵이 되어서야 자신의 삶을 대략적이나마 회고하여 들려줌으로써 이 박사 부부의 내핍생활에 대한 이해가 가능했다는 것이다.

이 박사 부부는 애당초 나라를 잃은 상태로 미국에서 독립운동을 하며 신혼생활을 시작했다. 따라서 이 분들에게 있어 돈을

쓴다는 것은 최소한의 자기 것을 제외하고는 모두가 나라와 민족을 위해 써야 한다고 생각하며 살아왔던 것이다.

특히 프란체스카 여사는 말년에 "우리가 북한 동포들을 위해 근검절약하는 모습을 보이면 아무리 강대국들이라 해도 우리를 함부로 업신여기지 못한다"고 며느리에게 이야기함으로써 비로소 조혜자 여사가 그 깊은 뜻을 알게 됐다.

이 박사 부부는 스스로 근검절약을 실천해 보임으로써 주위 사람들도 그렇게 되기를 바란 것이 거의 틀림없다. 이 분들의 생활을 제대로 이해한 주변 사람들은 그 후에도 계속해서 작은 돈이나마 봉투에 넣어 시시때때로 이 분들에게 드렸고, 이로써 하와이에서의 생활도 그나마 가능해졌던 것이다.

하와이 마키키 집에서의 내핍생활에 대한 이야기는 현지 교민들이나 당시 수 개월간 체류하며 동거한 이인수 씨를 통해서 상당히 일치된 증언들을 들을 수 있었다.

"마키키 집에 있는 가구들은 전부가 교민들이 쓰던 것들이었습니다. 저는 혹시 남의 물건이 그대로 들어 있지는 않는지 해서 서랍을 열어보았지요. 그랬더니 거기엔 두 분이 폐품을 차곡차곡 모아 두고 계셨습니다. 포장지는 포장지대로, 노끈은 노끈대로 서랍 속을 가득 채우고 있는 겁니다.

한 번은 집 밖으로 아버님을 모시고 산책을 나갔을 때입니다. 발밑에 작은 쇠붙이가 떨어져 있는 걸 보신 아버님이 그걸 주워다가 부엌 옆에 쇠붙이를 모아두는 곳에 갖다 놓으셨지요."

50년 친구 보스윅

1961년 12월 21일에는 이인수 씨가 아버님을 모시고 보스윅이라는 이름의 이 박사 친구집을 방문하는 날이었다. 보스윅 씨는 하와이에서 아주 유명한 장의사였다. 이 양반이 이 박사와 인연을 맺게 된 시기는 우리나라가 일본에 통치되던 1920년까지 거슬러 올라간다.

당시 일본은 이승만이란 인물에 대해 국제적으로 현상금을 걸고 있었는데, 이 박사가 임시정부의 초대 대통령이 되어 상하이로 출발을 해야 했지만 무국적(無國籍)에 현상금이 걸린 상태라 쉽지가 않았다. 그때 만난 사람이 바로 보스윅 씨였다.

당시 보스윅 씨는 하와이에서 노동자로 생활하다 죽어간 많은 중국인 시체들을 수습해 중국으로 보내주는 장의 사업을 벌여 재미를 보고 있었다. 이승만 박사는 1920년에 중국인들의 시체를 실은 관 속에 숨어 상하이까지 밀항하는 데 성공한다.

이런 일로 해서 보스윅 씨는 이승만이란 인물에 대해 대단한 존경심을 갖고 있었다. 이인수 씨가 양부모님을 모시고 만나 본 보스윅 씨는 대단히 부유한 저택에 살고 있었다. 이 박사보다 크다고 할 수 없는 키에 넉넉한 풍채를 가진 보스윅 씨는 더구나 90세의 노령임에도 불구하고 정정했고 말소리도 우렁찼다. 그의 부인이 와병중이라는 말에 프란체스카 여사는 부인의 방에 위문하러 들어갔고 남자들만 남게 되었다.

보스윅 씨가 이 박사의 어깨를 두드리며 "어떤가, 자네 건강은?"하고 큰소리로 웃었다. 이 박사는 거기서도 "나는 한국으로 갈 거네!"라고 했다. 놀란 표정이 된 보스윅 씨가 "그게 무슨 말인가? 하와이가 세계에서 제일 살기 좋은 곳인데 여기를 두고 어딜 간단 말인가, 이 사람아!"하고는 겨울의 추위가 노인네에게 얼마나 해로운 것이며, 감기에서 시작된 병이 죽음에 이르는 경우를 장황하게 설명했다.

그러나 이승만 박사는 굳게 입을 다문 채 보스윅 씨의 얼굴만을 쾡하니 쳐다보고 있었다. 말상대가 안 된다는 뜻이었다.

하와이의 절친한 친구 보스윅과 함께.

잠시 후 프란체스카 여사가 거실로 나오자 이 박사는 자리에서 일어났다. 보스웍 씨가 내실로 잠깐 들어갔다 나오더니 프란체스카 여사의 핸드백 속에 봉투를 넣어주었다. 여사는 고맙다고 인사했다. 밖에까지 따라 나온 보스웍 씨가 돌연 이인수 씨의 어깨를 감싸 안고는 현관 쪽으로 끌고 갔다. 그리고 귓속말로 "아가, 잘 봐드려라……. 그는 굉장한(Great) 사람이야. 50년 친구인 내가 그를 모를 리 있겠나?"하고는 등을 밀치면서 가라고 했다. 그의 눈시울도 붉게 충혈 되어 있었다.

"나는 본시 가난한 사람이야!"

이 박사가 귀국을 위해 노력했던 눈물겨운 모습은 망명생활 중 곳곳에 배어 있다. 5달러 하는 이발비를 아껴 여비를 모으기도 했다. 그 바람에 한동안 이 박사의 머리는 보기 싫을 정도로 길어서 프란체스카 여사가 손수 이발을 해드려야 했다.

매주 금요일은 부인이 한 주일분 식료품을 사들이는 장보는 날. 그러나 이 박사는 부인에게 시장엘 가지 말라고 한사코 말렸다. 프란체스카 여사는 "굶어서야 살 수가 없지 않아요?"하고 설명을 하면 "그러면 조금만 사와……. 돈 써버리면 서울 못 가……."라고 말하며 겨우 놓아주곤 했다.

시장을 보고 온 부인은 항상 작은 봉투 하나만 들고 현관문으로 들어갔다. 작은 봉투를 들고 이 박사 앞을 지나서 부엌으로 가는 모습을 보임으로써 남편을 안심시키려 한 것이다. 그리곤 부엌에 달린 뒷문을 통해 나머지 물건을 몰래 들여놓아야 했다.

아들 이인수 씨가 있을 때도 마찬가지로 이런 생활이 반복되었다. 어쩔 수 없이 어른을 속이는 슬픈 연극을 모자(母子)는 한동안 계속할 수밖에 없었다.

크리스마스가 다가오자 화이트 대장(大將)이 마키키의 이 박사 집으로 찾아와 위로를 하고 갔다. 이밖에도 이 박사를 자주 찾은 사람들은 당시 합참의장이었으며 전 주한 유엔군 사령관이었던 램니처 장군을 들 수 있다. 그는 하와이에서 회의가 열리면 항상 마키키의 이 박사를 찾아주었다. 훗날 요양원에 있을 때에도 그는 그냥 지나치는 법이 없었고, 심지어는 시간이 나지 않을 때는 회의 중간 중간에 방문하거나 점심을 거르며 이 박사를 찾아주었다. 또 세계은행 총재였던 맥나마라(前 미 국방장관) 씨와 맥아더 장군, 그리고 밴 플리트 장군도 이 박사를 만나러 하와이에 들렀던 인물들이다. 이들은 모두가 한국전쟁 중에 이 박사를 만나보고 그 후 평생토록 존경해마지 않았던 사람들이었다.

특히 화이트 대장은 이 박사가 하와이에서 병원의 혜택을 받는 데에 상당한 지원을 아끼지 않았다. 트리풀러 병원에서의 정기검사와 치료는 물론이고, 훗날 임종 직전까지 많은 의료혜택을 주선해 주었다.

그러나 한국의 관리들은 군사정부의 이 박사에 대한 부정적인 태도로 인해 눈치를 보아야 했다. 그래서 당시 이 박사를 만나기 위해서는 알래스카를 경유하는 비행코스를 택해야 했다. 이런 모험을 해가며 이 박사를 찾은 사람 중엔 주미대사였던 김정렬(金貞烈) 씨가 있다. 군정(軍政) 초기에는 아무도 이 박사에게 접근할 수 없는 분위기였다. 당시 주미 대사로 발령받은 김 씨는 일부러 하와이에 들러 이 박사를 만났다. 그리고는 "우리가 보필을 잘못해서 이렇게 됐습니다. 죄송합니다"라며 눈물을 흘리고 돌아갔다고 한다.

해가 바뀌어 1962년이 되자 이 박사의 귀국에 대한 열망은 더욱 커져갔다. 그럴수록 자신의 희망이 관철되지 않는 것에 대한 분노도 덩달아 커져갔다.

한번은 "내가 알고자 하는 것은 누가 나를 여기 데려다 붙잡아 두고 있는가 하는 거야!"하며 격분했다. 흥분을 절대 하지 말라고 부인이 애원했음에도 불구하고 이 박사는 이날 상기된 표정이 되어 혼잣말을 계속 이었다.

"온 천하에 못된 놈들……. 그 놈두……. 그 놈두. 웬 도적놈이 그렇게 많아……. 어떻게……. 그런 것을 저질렀단 말이야? 내가 도적놈인가? 나는 본시 가난한 사람이야……. 돈을 어찌해?…… 기가 맥혀……."

그리고는 혈압이 올라 두통을 호소하며 몸져누웠다.

프란체스카 여사의 눈물

마키키 가의 집에서 이런 일이 있고 난 뒤 얼마 안 있어 이 박사는 트리풀러 병원에 들렀다. 당시 그레고라토라는 그리스계 미국인 의사가 이승만 박사의 주치의였다.

이 박사가 "왜 그런지 모르겠다. 요즘 자꾸 건강이 안 좋다"고 하자 주치의가 뇌파검사를 제안했다.

뇌파검사가 끝나자 두 모자를 별실로 불러들인 주치의는 결과를 프란체스카 여사에게 설명했다. 그러면서 '더 이상 희망이 없음'을 전해주었다. 프란체스카 여사는 눈앞이 캄캄해졌다. 30년을 한결같이 믿고 따르던 남편이 더 이상 희망이 없는 상태라니……. 그때 이인수 박사는 프란체스카 여사가 우는 것을 처음 목격한다. 그녀는 눈물을 왈칵 쏟았다. 항상 강한 여성인 줄 알고 있던 이인수 씨에게 그녀는 처음으로 눈물을 보이고 말았다.

그러나 이런 사실을 이 박사 자신은 구체적으로 알 수가 없었다. 이 무렵에도 이 박사는 "나를 앞으로 20년간 여기다 붙잡아 둘 작정이냐"고 역정을 냈고, 이인수 씨에게도 "괘씸한 놈, 내가 걸어서라도 갈 테다"하며 신발을 찾는 일이 여러 번 반복되었다.

주치의는 이 박사가 더 이상 하와이에 머물다가는 비행기를 탈 수 없는 상태에 이를 것이라고 경고했다. 이 말은 당시 이 박사를 보필하던 프란체스카 여사와 오중정 씨를 비롯한 하와이 교민들에게 자극이 되었다. 적극적으로 환국을 주선하기 시작한 것이다.

그러나 당시 국내에서는 "사과도 없이 어떻게 들어올 수 있냐?"는 반발이 드셌다. 물론 일각에서는 이 박사의 환국운동도 일어나고 있었다. 여기서 유명한 이 박사의 '사과 성명'이 등장한다. 그러나 사과 성명의 작성자는 이 박사가 아니다.

또다시 좌절된 서울행

프란체스카 여사와 오중정 씨, 그리고 최백렬 씨가 상의를 했다. 그래서 이승만 박사가 돌아가시기 전에 무슨 수를 써서라도 고국으로 모셔야겠다는 목적 아래 최백렬 씨가 아무런 정치적 의도도 고려하지 않은 채로 작성했던 것이다.

이로써 국내의 귀국반대 여론을 무마시켰다고 생각한 이 박사 측은 귀국 준비를 서둘렀다. 최백렬 씨는 한국의 날씨를 감안하여 오버코트와 모자를 마련했고, 윌버트 최씨는 마키키 가의 목조 주택을 팔려고 내 놓았으며, 이 박사와 가족들의 비행기표까지 예매해 두었다. 이 박사는 그제야 안도감을 표시하고 휠체어에 앉아서 떠날 시간이 오기만을 기다렸다.

출발 예정일(3월 17일) 사흘 전부터 이 박사는 보행에 불편을 느껴 휠체어에 의지해야 했다. 귀국할 것이란 소식이 하와이 교민사회에 알려지자 많은 교포들이 달려와 작별인사를 했다.

이 박사는 어린애처럼 밝은 표정이 되어 "우리 모두 서울 가서 만나세!"하며 손을 흔들고 기뻐했다. 그야말로 완전히 준비가 된 셈이었다.

1962년 3월 17일, 아침 일찍 일어나 간단한 식사를 한 뒤 이 박사는 외출복을 입고 소파에 앉아 출발 시간만을 기다렸다. 오전 9시 30분. 검은 세단차가 이 박사의 집 앞에서 멈추더니 김세원(金世源) 총영사가 굳은 표정으로 내렸다.

잠시 후 방안에서는 이 박사의 왼쪽에 이인수 씨, 오른쪽에는 최백렬 씨가 앉았고 월버트 최씨와 프란체스카 여사가 이인수 씨 맞은편으로 앉았다. 김 총영사는 월버트 최씨 옆에 앉게 되어 이 박사를 바로 볼 수 있는 자리가 되었다. 김 총영사와 함께 영사관으로부터 왔던 최백렬 씨가 무겁게 입을 열었다.

"이 박사님, 우리나라를 위해 일 많이 하시고 늘 우리나라 잘 되게 하시고 계신 것을 우리가 잘 알고 있습니다. 지금 총영사가 말씀드리는 것을 바다와 같이 넓으신 마음으로 알아들으시고 결심하셔야 되겠습니다."

이 박사는 "무슨 애길 하는 거냐?"는 듯 의아한 표정을 짓고 있었다.

이윽고 김 총영사가 "아직은 본국 실정이 가실만한 때가 아닙니다"라는 식으로 정부의 귀국 만류 권고를 전했다.

조용히 듣고 있던 이 박사의 눈이 붉게 충혈 되어 갔다. 이인수 씨는 이 박사의 싸늘해진 왼손을 계속해서 어루만지며 진정시키려 했다. 다 듣고 난 이 박사가 떨리는 목소리를 애써 진정시키며 아주 조그맣게 말문을 열었다.

"내가 가는 것이 나라를 위하여 나쁘다면, 내가 가고 싶어 못 견디는 이 마음을 참아야지……. 누가 정부 일을 하든지 잘 하기 바라오……."

그리고는 가냘프게 "나라…… 나라……"하며 조국을 찾는 듯 뒷말을 잊은 채 눈물을 글썽거렸다. 곧이어 이 박사는 휠체어로 옮겨 앉은 채 부인과 함께 침실로 사라졌다. 이 박사는 그 날 이후로 휠체어에서 두 번 다시 일어날 수가 없게 된다. 귀국이 실현됐더라면 함께 귀국했을 애견 해피만이 조용히 엎드려 주위 사람들에게 눈길을 주고 있었다.

모두 허탈함과 서러움에 빠져 넋을 잃은 표정이었는데 이인수 씨는 단신으로 귀국을 결심한다. 어차피 모든 준비는 다 되어 있었기에 그는 그 길로 귀국해서 이 문제를 풀어보려 한 것이다.

어머니 프란체스카 여사는 그 말을 듣고 눈물을 보이긴 했지만 아들을 막지는 않았다. 영문도 모르는 이 박사에게 평소처럼 "다녀오겠습니다!" 한마디 인사를 남기고 이인수 씨는 마키키의 집을 나섰다. 백발에다 여윈 서양 할머니가 현관에 서서 이인수 씨에게 손을 흔들며 작별인사를 했다.

"아가야, 몸조심해라."

3부 슬픈 황혼

슬픈 황혼

마우나 라니 요양원

1962년 3월 17일 귀국이 좌절된 87세의 이승만 박사는 건강이 급속도로 악화되기 시작했다. 혈압이 치솟아 뇌출혈 증상이 생겼다. 급히 트리풀러 육군병원에 입원하여 응급조치를 받고서야 정상을 회복했다. 그러나 수족은 거의 마비상태가 되어 회복이 불가능해졌다. 중풍이 든 것이다.

이제는 아들도 귀국해 노부부만 남게 된 마키키에서 62세의 노파가 87세의 수족이 마비된 남편을 간병하며 살아야 할 형편이 되었다. 이런 사실이 하와이 교민사회에 알려지자 각처에서

동정과 호의가 베풀어지기 시작했다. 자신이 구했던 나라로부터 버림받은 사람을 하와이 교민들은 끝내 버리지 않았던 것이다.

교포들은 한국 정부의 처사에 대해 말할 수 없이 섭섭해 했다. 특히 나이든 노인들일수록 더했다. 모두가 이 박사의 뇌출혈이 중풍으로 발전하게 된 근본적인 원인은 고향으로 돌아가지 못함에 대한 울분이 폭발해서였다고들 말했다.

이 시기에 무엇보다 큰 변화는 거처를 마키키의 목조 주택에서 마우나 라니 요양원으로 옮기게 된 일이다. 하와이에서 5대 재벌의 하나로 꼽히는 딜링햄 씨는 이승만 박사와 독립운동 시절부터 익히 잘 알고 지내온 막역한 사이였다. 그의 재정으로 움직이다시피 하는 최고의 요양원이 바로 마우나 라니 요양원이었다. 일종의 노인병원인 셈이다.

물론 이 과정에서는 오중정 씨와 최백렬 씨, 그리고 이 요양원의 후원자였던 윌버트 최씨의 노력이 컸다. 막막했던 프란체스카 여사 앞으로 마우나 라니 요양원 원장 손슨 여사의 편지가 도착한 것은 그 해 3월 22일이었다.

"우리 모두 존경하는 이 박사님을 저희 양로원에서 모시고 싶습니다. 모든 비용은 무료로 해드리겠으니 여사님의 회답을 바랍니다."

프란체스카 여사는 평소 일기를 쓸 때도 감정을 전혀 드러내지 않는 성격이었지만, 그 후 여러 기록을 통해 그 당시 존슨 여사에 대한 고마움을 남겨놓았다. 뿐만 아니라 작고할 때까지도 이 편지를 고이 보관했었다. 프란체스카 여사에게는 더없이 소중한 도움이었다.

국부와 국모의 자격을 갖춘 분

문제는 병실 하나에 침대가 하나뿐이었다는 점이다. 이 문제도 교포들의 노력에 의해 어렵지 않게 해결됐다. 프란체스카 여사를 위해 요양원 측에서는 본관 건물 뒤편에 자리한 고용인 숙소의 작은 방 하나를 따로 마련해 주었다. 그리고 프란체스카 여사를 이 박사의 간호보조원으로 인정해 주어 항상 곁에 머물 수가 있었다.

1962년 3월 29일에는 이 박사 부부가 마우나 라니 요양원으로 이사를 하는 날이었다. 이 날 이 박사의 엄명에 의해 주위 사람들은 이 박사의 집안에 들여놨던 가구들을 모두 원래 주인들

마우나 라니 요양원에서 프란체스카 여사와 함께.

에게 찾아 돌려주고 나서야 요양원으로 떠날 수 있었다.

요양원 생활을 시작한 이 박사는 언제나 침대에 누워 있어야 했다. 낮에는 부인의 도움으로 휠체어에 앉아 창밖으로 펼쳐진 바다를 보기도 했다. 이 무렵에도 항상 "빨리 가야 되는데, 빨리 가야 돼……"하며 귀국의 열망은 식을 줄 몰랐다.

요양원 시절에는 오중정 씨와 최백렬 씨가 자주 찾았다. 오씨를 통해 들어 본 프란체스카 여사의 간병 생활은 어떠했을까?

> "그런 열녀가 없었지요. 아침 8시부터 저녁 10시까지 쇼핑하러 나가거나 외출하는 모습을 본 적이 없었어요. 마담은 항상 이 박사 옆에서 성경을 읽어 드리고 찬송가를 불러 드리고, 손발이 마비되니까 손발을 주물러 드렸습니다. 필요한 물건은 제가 심부름해 드렸지요. 점심때 이 박사가 기르던 개 해피에게 밥을 주기 위해 잠시 떠났을 뿐, 망명생활 5년 동안 그녀는 이 박사의 그림자처럼 붙어 다녔다고 해도 과언이 아니었습니다. 교포들도 저런 분은 처음 봤다고들 했지요. 그렇게 훌륭한 분이 없었습니다."

오중정 씨는 프란체스카 여사와 이 박사의 병동에서 종종 옛날이야기를 했다. 그 무렵 생활비가 오스트리아에서 매월 2백 달러씩 오고 있었다. 당시 오스트리아의 프란체스카 집안에서는 커다란 종이 상자 두 개분의 옷을 부쳐 주었다. 그녀는 이 종이 상자를 개조해 옷장으로 썼고, 이 '종이 옷장'은 지금도 이화장 전시관에 보존되어 있다.

"그 분이 실, 바늘 같은 것을 말씀하셔서 우리가 사다드린 적은 있지만 그 밖의 것들을 원하신 적은 한 번도 없었습니다. 사람이 정신적으로 시들 것 같은데 워낙 신앙이 강해서 그런지……. 두 분 다 강했던 분이셨어요. 국부(國父)와 국모(國母)의 자격을 갖춘 분이었지요."

어머니… 어머니…

이 무렵 오중정 씨는 이 박사가 좋아하는 노래를 병실에서 자주 불러드렸다고 한다. 찬송가 3백 71장 '삼천리 반도 금수강산'이란 노래다.

삼천리 반도 금수강산 하나님이 주신 동산

삼천리 반도 금수강산 하나님이 주신 동산

이 동산에 할 일 많아

사방에 일꾼을 부르네

곧 이날에 일 가려고 누구가 대답을 할까

(후렴) 일하러 가세 일하러 가

    삼천리 강산 위해

    하나님 명령 받았으니 반도 강산에 일하러 가세

- 남궁억 작사

이 박사는 마지막까지도 고국을 잊지 않았다. 그의 머릿속에는 언제나 고향산천의 풍경이 완연한 듯, 한국에서 누가 오면 "지금도 서울 청량리 밖에는 누런 벼이삭이 굽이치고 있나? 언제 다시 그것을 보고 죽을 수 있을지"하면서 어릴 때 그곳에서 메뚜기 잡고 남산에서 연날리기 하던 추억을 이야기하기도 했다.

요양원에서 이 박사는 잠을 잘 자는 편이 아니었으나 식사는 여전히 잘했다. 이 박사의 병세는 고령의 노인에게서 보이는 동맥경화증이 점차 심해지는 것이었다. 병상에 누운 채 의사 표시를 제대로 할 만큼 이야기도 하고 의식도 있었지만 간병하기엔 무척 힘든 환자에 속했다. 무엇보다 프란체스카 여사의 애를 태웠던 것은 이 박사가 약을 워낙 싫어해 그녀가 회고록에도 "약을 드실 때는 참으로 힘들었다"고 기록해 두었을 정도였다.

오랜 병상생활에서 이 박사는 힘이 들면 "아이고, 아이고……"하며 괴로워할 때도 있었고, 열이 심할 때는 "어머니, 어머니……"라면서 신음을 했다.

아침에는 사리에 맞는 정확한 영어를 구사했지만, 흥분하거나 오후가 되면 한국말로만 이야기할 경우가 많았다. 주치의는 뇌의 혈액순환관계로 정신상태가 흐리며, 노쇠로 하체는 약해졌으나 식성이 좋아서 비교적 오래 살 수 있을 것이라고 했다.

한국 돌아갈 여비 걱정한 건국 대통령

이 박사는 병원식사를 싫어했지만 늘 그릇은 깨끗이 다 비웠다. 늙은 아내가 이 박사를 침대에서 일으키거나 눕힐 때는 '하나, 둘, 셋!' 하면서 힘을 주었는데, 그때마다 이 박사는 아내 프란체스카 여사를 넌지시 바라보면서 힘을 덜어주려고 애썼다.

프란체스카 여사도 때때로 고달프고 괴로울 적이 있었다. 그럴 때면 이 박사와 함께 먼 한국의 하늘을 바라보며 아리랑이나 여사의 서툰 도라지 타령을 부르며 위안으로 삼았다.

병원음식에 질려버린 이 박사를 위해 그가 좋아하는 한국 음식을 열거하며 노래를 지어 부르면 이 박사도 따라서 함께 부르곤 했다. 그 노래 가사는 이렇다.

날마다 날마다 김치찌개 김칫국
날마다 날마다 콩나물국 콩나물
날마다 날마다 두부찌개 두부국
날마다 날마다 된장찌개 된장국

1963년이 그렇게 지나갔다. 1964년 2월이 되자 양자 이인수 씨가 다시 하와이로 나왔다. 점차 병세가 악화된다는 소식을 받았던 것이다. 이인수 씨가 머물렀던 기간은 약 한 달 보름가량이었다. 그동안은 이인수 씨도 이 박사의 수족을 주무르곤 했었다.

하루는 병원장 존슨 여사가 여러 병실을 돌아보다가 이 박사의 병상이 있는 202호실에 들렀다. 병상에 누워 무엇을 생각하는데 여념이 없는 듯한 이 박사의 표정을 본 존슨 여사가 "닥터 리! 소원이 무엇이지요?"하고 물었다. 그러자 즉석에서 이 박사는 "여비요, 한국으로 돌아갈 여비 말이오"하고 대답했다. 이 말을 들은 그녀가 "아직도 이 박사님은 한국으로 돌아갈 것을 생각하세요?"하고 묻자 "그렇소!"라고 대답했다. 존슨 여사는 고개를 절레절레 저으며 '스터번 리'(Stubborn Lee; 고집쟁이 이 박사)라는 별명을 붙여주었다. 그러나 이것은 진심으로 존경하는 마음에서 우러나온 말이었다.

병상에서도 이 박사는 아내에게 "호랑이도 죽을 때는 제 굴을 찾아 간다는데……. 남북통일이 이뤄지기 전에는 눈을 감을 수가 없어!"라고 말하곤 했다.

그런 이 박사는 때때로 이인수 씨가 베란다에 나가 바람을 쐬고 있으면 프란체스카 여사에게 아들의 교육 문제를 걱정하곤 했다. "저 녀석이 공부를 더 해야 할 텐데 내 곁에서 허송세월하면 어떻게 하나?"하고 늘 말하는 것이었다. 그때 이인수 씨는 이미 대학을 졸업하고 한국에서 대학원 석사과정에 있었으니 이 박사는 어떻게 해서든 공부를 더 시킬 궁리만 했었다.

7월 19일 0시 35분

    1964년 4월에는 이 박사의 별세 후를 생각하며 그 준비로 이인수 씨가 한국으로 들어갔다. 그러나 1965년 6월 말이 되자 다시 이인수 씨를 급히 하와이로 불러야 했다. 이 박사의 병세가 매우 위독해진 것이다.

    6월 20일. 이 박사가 피를 토하기 시작했다. 위에서 내출혈이 심하게 일어났던 것이다. 급히 퀸즈병원으로 후송해서 응급처치를 했다. 긴급 수혈로 혈압을 조절하고 안정을 찾기까지 닷새가 걸렸다. 그동안 호놀룰루 텔레비전 방송 등 하와이의 모든 언론들은 이 박사의 병세를 자세히 보도했다. 이 박사가 요양원의 202호실 그의 방으로 돌아온 것은 6월 25일이었다.

    이때는 이미 펌프가 작동 중인 호스를 입 속에 꽂고 연명해야 했다. 피를 뽑아내고 가끔씩 우유를 그 호스를 통해 넣어주었다. 이 모든 일은 아내 프란체스카 여사가 끝까지 다해냈다. 의식이 거의 없는 이 박사의 비쩍 마른 양팔은 이미 무수한 주사바늘 자국으로 인해 검게 변해 있었지만 혈색은 그다지 나쁘지 않았다.

7월 4일. 연락을 받고 호놀룰루공항에 내린 이인수 씨는 곧장 요양원으로 달려갔다. 다시 한 번 내출혈이 심해지더라도 퀸즈병원의 응급실로 가지는 않을 것이란 설명을 들었다. 더 이상 방법이 없다는 얘기였다.

7월 18일. 위에서 너무 많은 피가 나오는 바람에 혈압이 급격히 떨어졌다. 이인수 씨가 이 박사의 곁에 누워 수혈을 했다. 잠시 후 안정된 기미를 보이자 이인수 씨는 프란체스카 여사의 방으로 와 누웠다. 헌혈을 너무 많이 해서 핼쑥해진 그의 곁에 최백렬 씨가 와서 조용히 이야기했다.

친부모님처럼 지금까지 모셔온 이 박사님의 마지막을 보고 싶으니 허락해 달라는 부탁이었다. 그러나 그때까지 정확한 시간을 알 수가 없었다. 두 사람은 오후가 되자 다시 이 박사의 병실로 들어갔다.

그날 밤 10시가 조금 넘자 주치의 토마스 문(閔)박사가 "오늘을 넘기기가 힘들다"고 했다. 급히 교포들에게 연락을 취했지만 이미 토요일 밤이라 많은 사람들과 연락할 수가 없었다.

이 박사의 침대 곁에는 프란체스카 여사와 최백렬 씨, 그리고 이인수 씨가 나란히 앉아서 마지막 모습을 지켜보고 있었다.

간호원이 가끔씩 맥박을 체크했다. 병실 밖에는 연락을 받고 달려온 오중정 씨, 윌버트 최씨, 그리고 〈조선일보〉 통신원 차지수 씨만이 있었다. 병실에서는 이미 각오를 하고는 있었지만 지켜보는 사람들은 안타까움에 눈물을 참기 힘들었다. 갑자기 호스를 입에 문 이 박사의 호흡이 거칠어지더니 큰 한숨을 쉬었다. 그리고 조용히 숨을 거두었다. 향년 90이었다. 간호원이 이 박사의 맥박을 체크하고 시간을 일러주었다.

"7월 19일 0시 35분, 임종하셨습니다."

자신의 국가와 민족을 위해 독립운동으로 건국을 성취해 냈고, 전쟁으로부터 민족을 구원해내며 전 생애를 아낌없이 불살랐던 위대한 한국인 이승만은 이역만리 떨어진 땅 하와이 섬에서 고국을 그리다 너무나도 쓸쓸한 최후를 맞이했다.

프란체스카 여사는 아들 앞에서 두 번째 눈물을 보였다. 잠깐 동안이지만 최백렬 씨와 이인수 씨 앞에서 오열을 터뜨렸다. 그러나 그것도 잠시, 밖에서 웅성대는 소리가 들리자 이내 눈물을 닦고는 이인수 씨에게 귓속말로 "절대 남 앞에서 눈물을 보이지 말아라, 아가야"라고 속삭였다.

그리고 늘 들고 다니던 팬암 항공사 로고가 찍힌 낡은 비닐

쇼핑백에 성경책과 찬송가책을 담아 들고는 총총히 병실을 나섰다.

그녀가 나오는 모습을 본 오중정 씨는 "마담은 결코 울지 않았다"고 했다. 볼 수가 없었으니 당연했다. 당시 오중정 씨가 본 그녀의 모습도 인상적이었다고 한다. 문 밖에서 기다리던 이들을 본 프란체스카 여사는 "굿바이!"라는 딱 한마디만 남기고 떠났다.

보스윅의 절규, "내가 자네를 안다네…!"

고인의 유해를 수습하기 위해 윌버트 최씨와 관계가 있었던 '누와누' 장의사가 달려왔다. 그 바람에 자신이 장의를 맡지 못한 보스윅 씨가 무척 섭섭함해 했다는 이야기가 전해진다.

한편 누와누 장의사에서 고인의 영구(靈柩)가 영결식장인 한인 기독교회로 출발한 시각이 7월 21일 오후 4시 40분. 한인 기독교회에서의 영결식이 열리던 이 날은 하와이의 모든 방송 매체들이 이 박사를 떠나보내는 애도 방송을 했다.

미망인 프란체스카 여사가 입장한 오후 8시 30분경에는 조

수많은 국민들이 연도로 쏟아져 나와 건국 대통령의 마지막 가는 길을 전송했다.

화(弔花)가 교회 전체를 꽉 메웠고, 수많은 현지인들과 교민들이 애도를 표하기 위해 모여 들었다. 유해는 고인이 건립했던 한인 기독교회의 실내에 안치되었고, 고인의 상반신을 볼 수 있도록 관 뚜껑의 반은 열려져 있었다. 얇은 베일이 고인의 얼굴을 덮고 있었다.

영결식이 시작되기 직전에 연락을 받고 달려 온 보스윅 씨가 교회 입구에서부터 사람들을 헤치며 성큼성큼 걸어 들어와 이 박사의 관 앞에 섰다. 그는 금방이라도 울음을 터트릴 듯한 표정이 되어 고인의 얼굴에 덮여있는 베일을 걷어내더니 이 박사의 이마를 손바닥으로 치며 울부짖었다.

"내가 자네를 안다네! 내가 자네를 알아!
(I know you! I know you!)
자네가 얼마나 조국을 사랑하고 있는지,
자네가 얼마나 억울한지를 내가 잘 안다네!
친구여!
그것 때문에 자네가 얼마나 고생을 해왔는지,
바로 그 애국심 때문에

자네가 그토록 비난받고 살아온 것을
내가 잘 안다네!
내 소중한 친구여……."

이인수 교수가 지금까지 기억하고 있는 이 한 편의 시 같은 보스윅의 애절한 절규는 영결식장에 모인 모든 이들의 가슴속에 울려 퍼졌다. 참석한 모든 사람들의 눈시울이 뜨겁게 젖어 내리고 있었다.

이어서 한 시간 동안의 영결예배가 끝나자 고인의 영구는 하와이 경찰의 에스코트를 받으며 검은색 리무진에 실려 히컴 공군기지로 천천히 움직였다. 이때 프란체스카 여사는 기력이 쇠잔해져 두 번씩 졸도를 한 끝에 결국 그곳에 남게 되어 서울에서 있었던 장례식에는 참석하지 못했다.

공항을 향해 출발한 시간이 9시 30분. 히컴 공군기지에 도착한 시간은 오후 10시 30분. 히컴 공군기지에서는 미 의장대가 나와서 사열하는 가운데 6명의 육해공군 의장대가 조포(弔砲)를 발사하며 영결식을 진행했다. 그를 존경하던 미 장군들의 추도사와 함께 한 의장대원의 진혼 나팔소리가 열대의 밤하늘

국립 현충원의 묘소를 찾아 분향하는 프란체스카 여사와 이인수 씨.

에 울려 퍼졌다.

이윽고 유해가 의장대원들에 의해 C-118 군 특별기에 실리자 뒤늦게 따라왔던 밴 플리트 장군도 고인과의 마지막을 함께 하기 위해 한국까지 가기를 희망해 모두 16명이 비행기에 탑승했다. 1965년 7월 21일 밤 11시 정각. 이 박사의 유해를 실은 비행기가 서서히 활주로를 미끄러져가더니 이윽고 밤하늘 속으로 날아올랐다.

그가 하와이 섬에 마지막으로 착륙한 지 5년 2개월 만이었다.

기파랑耆婆郞은 삼국유사에 수록된 신라시대 향가 찬기파랑가讚耆婆郞歌의 주인공입니다. 작자 충담忠談은 달과 시내와 잣나무의 은유를 통해 이상적인 화랑의 모습을 그리고 있습니다. 어두운 구름을 헤치고 나와 세상을 비추는 달의 강인함, 끝간 데 없이 뻗어나간 시냇물의 영원함, 그리고 겨울 찬서리 이겨내고 늘 푸른빛 잃지 않는 잣나무의 불변함은 도서출판 기파랑의 정신입니다.

www.guiparang.com

우리의 건국 대통령은 이렇게 죽어갔다

초판 1쇄 발행 2011년 4월 15일
초판 2쇄 인쇄 2019년 9월 20일

지은이 | 이동욱
펴낸이 | 안병훈
북디자인 | design54
펴낸곳 | 도서출판 기파랑
등록 | 2004. 12. 27 제 300-2004-204호
주소 | 서울시 종로구 대학로8가길 56(동숭동 1-49 동숭빌딩) 301호
전화 | 02) 763-8996(편집부) 02) 3288-0077(영업마케팅) 팩스 02) 763-8936
e-mail | info@guiparang.com
ISBN | 978-89-6523-973-4 (03910)